I0697969

**Stefan Stelzhammer**


**Auf Nummer SICHER gehen –
die private Unfallversicherung**





ISBN: 9798872058946

# Inhalt

# Vorwort

Als Mediator habe ich mich auf die Vermittlung von Konflikten spezialisiert. Mein Ziel ist es, eine Win-Win-Situation für alle Beteiligten zu schaffen und langfristige Lösungen zu finden.

In meiner Arbeit als Mediator setze ich auf Empathie und Verständnis für beide Seiten. Ich höre aktiv zu und versuche, die Bedürfnisse aller Parteien herauszufinden. Dabei achte ich darauf, dass jeder seine Perspektive darlegen kann und sich gehört fühlt.

Durch gezielte Fragen bringe ich Klarheit in den Konfliktverlauf und erarbeite gemeinsam mit den Beteiligten mögliche Lösungsansätze. Hierbei lege ich großen Wert darauf, dass diese realistisch umsetzbar sind.

Meine Erfahrung zeigt mir immer wieder: Eine erfolgreiche Konfliktlösung basiert auf einer offenen Kommunikation sowie dem Willen beider Seiten zur Zusammenarbeit.

Da ich, neben meiner Tätigkeit als Mediator auch fertigausgebildeter und erfahrener Versicherungs- und Vermögensberater bin, kann ich Ihnen in jeder Lebenslage unterstützend zur Seite stehen.

Als neutraler Dritter stehe ich Ihnen somit gerne und überall zur Seite - kontaktieren Sie mich einfach!

# Brief an den Leser

Liebe Leserinnen und Leser,

wenn Sie sich für das Thema private Unfallversicherung interessieren, ist dieses Sachbuch genau das Richtige für Sie. Hier finden Sie alle wichtigen Informationen, die Sie benötigen, um eine fundierte Entscheidung zu treffen.

In diesem Buch erfahren Sie alles Wichtige über die verschiedenen Arten von Unfallversicherungen, die Kosten und Leistungen sowie die Vorteile einer privaten Unfallversicherung im Vergleich zur gesetzlichen Unfallversicherung.

Das Buch gibt Ihnen zudem wertvolle Tipps, worauf Sie bei der Auswahl einer passenden Versicherung achten sollten und wie Sie im Falle eines Unfalls am besten vorgehen.

Fazit: Wenn Sie auf der Suche nach einem informativen und gut verständlichen Ratgeber zum Thema private Unfallversicherung sind, ist dieses Buch unbedingt empfehlenswert.

Viel Spaß beim Lesen!

Ihr Stefan Stelzhammer

# Einleitung

Die private Unfallversicherung ist eine spezielle Art der Versicherung, die rund um die Uhr und an jedem Tag des Jahres gültig ist. Im Gegensatz zur gesetzlichen Unfallversicherung, die nur während des Wegs zur Arbeit, bei der Arbeit und auf dem direkten Heimweg greift, bietet die private Unfallversicherung einen zusätzlichen Schutz. Sie ergänzt somit den grundlegenden gesetzlichen Schutz und ist daher unverzichtbar.

Im Falle eines Unfalls können hierdurch finanzielle Leistungen abgerufen werden, die dazu dienen, die Folgen des Unfalls zu mildern. Dazu gehören beispielsweise Kosten für medizinische Behandlungen, Rehabilitation, aber auch für den Umbau der Wohnung oder den Kauf von Hilfsmitteln.

Eine Private Unfallversicherung ist somit eine sinnvolle Absicherung für jeden, der nicht nur im beruflichen Kontext gegen Unfälle versichert sein möchte.

## Was ist ein Unfall?

Im Allgemeinen bezeichnet man als Unfall ein plötzlich, von außen auf den Körper wirkendes Ereignis, welches zu einer körperlichen Schädigung führt.

Dabei kann es sich um einen Sturz, einen Verkehrsunfall oder auch um eine Verletzung bei der Ausübung eines Hobbys handeln.

Wichtig ist hierbei, dass die Schädigung nicht absichtlich herbeigeführt wurde und sich der Betroffene in keiner Weise selbst gefährdet hat. Auch Erkrankungen oder Schmerzen ohne äußere Einwirkung zählen nicht als Unfall.

Ein weiterer Aspekt, der bei der Definition des Unfalls berücksichtigt werden muss, ist dessen Plötzlichkeit. Eine schleichende Verschlechterung des Gesundheitszustands oder eine allmähliche Abnutzung des Körpers fallen nicht unter diese Definition.

Insgesamt lässt sich sagen, dass ein Unfall immer unvorhergesehen geschieht und somit nicht geplant werden kann.

# Gesetzliche vs. Private Unfallversicherung

Während die gesetzliche Unfallversicherung nur bei Arbeitsunfällen und Berufskrankheiten greift, sind Versicherte mit einer privaten Unfallversicherung rund um die Uhr geschützt. Das bedeutet, dass auch Freizeitunfälle oder Unfälle während eines Urlaubs abgedeckt sind.

Ein weiterer großer Unterschied liegt in den Leistungen. Die gesetzliche Unfallversicherung zahlt lediglich eine Grundrente sowie medizinische Behandlungskosten und eventuell eine Rehabilitationsmaßnahme. Bei einer privaten Unfallversicherung hingegen können je nach Vertrag hohe Summen für Invalidität, Todesfall oder Krankenhausaufenthalte ausgezahlt werden.

Auch die Dauer der Leistung ist unterschiedlich. Während die gesetzliche Unfallversicherung nur zeitlich begrenzte Leistungen erbringt, kann eine private Unfallversicherung lebenslang gelten und somit langfristige finanzielle Sicherheit bieten.

Insgesamt bietet die private Unfallversicherung also einen umfangreicheren Schutz als die gesetzliche Variante.

Allerdings sollten Interessierte genau prüfen, welche Leistungen sie benötigen und welcher Anbieter am besten zu ihnen passt, um nicht unnötig hohe Beiträge zu zahlen.

# Bedeutung der privaten Unfallversicherung

Die private Unfallversicherung ist eine wichtige Absicherung für jeden, der sich gegen die finanziellen Folgen eines Unfalls absichern möchte. Denn auch wenn man im Alltag vorsichtig ist und alles tut, um einen Unfall zu vermeiden, kann es schnell passieren, dass man unverschuldet in einen Unfall verwickelt wird. Ob beim Sport, im Haushalt oder im Straßenverkehr – die Gefahr lauert überall.

Doch was viele nicht wissen: Die gesetzliche Unfallversicherung greift nur bei Arbeits- und Wegeunfällen sowie Berufskrankheiten. Bei einem Freizeitunfall oder einem Unfall im Urlaub steht man ohne private Unfallversicherung schnell alleine da. Dabei können die Folgen schwerwiegend sein: Krankenhausaufenthalte, Rehabilitation und Verdienstausfälle können schnell hohe Kosten verursachen.

Es ist von großer Bedeutung zu betonen, dass die private Unfallversicherung immer dann einspringt, wenn eine medizinische Behandlung erforderlich ist. In solchen Fällen übernimmt sie die Kosten für Hilfsmittel wie Rollstühle oder Medikamente für Blindenhunde. Die Länge dieser Liste hängt dabei natürlich vom Ausmaß und der Art der Verletzung ab.

Eine Private Unfallversicherung bietet daher eine sinnvolle Absicherung gegen die finanziellen Folgen eines solchen Ereignisses.

Eine private Unfallversicherung bietet hier eine wichtige Absicherung. Sie zahlt je nach Vertragsschluss eine Einmalzahlung oder monatliche Renten bei Invalidität oder Tod infolge eines Unfalls. Auch Behandlungskosten wie Heilpraktiker-, Zahnarzt- oder Reha-Kosten können abgedeckt sein. So kann man sich im Falle eines Falles auf seine Genesung konzentrieren, ohne sich Sorgen um die finanzielle Seite machen zu müssen.

Gerade für Familien mit Kindern ist eine private Unfallversicherung empfehlenswert, da Kinder oft besonders aktiv sind und ein höheres Unfallrisiko haben. Auch ältere Menschen sollten eine private Unfallversicherung in Betracht ziehen, da sie aufgrund von körperlichen Einschränkungen oft stärker gefährdet sind. Doch auch für junge und gesunde Menschen kann eine private Unfallversicherung sinnvoll sein, um sich gegen unvorhergesehene Ereignisse abzusichern.

Insgesamt ist die private Unfallversicherung eine wichtige Absicherung, die jeder in Betracht ziehen sollte. Denn ein Unfall kann jeden treffen – und die finanziellen Folgen können schwerwiegend sein. Eine gut gewählte Versicherung kann hier helfen, die Kosten zu decken und den Betroffenen und dessen Familie Sicherheit geben.

# Der Wert der eigenen Arbeitskraft

Der Wert der eigenen Arbeitskraft ist ein wichtiger Faktor, den jeder Arbeitnehmer berücksichtigen sollte. Denn letztendlich hängt davon nicht nur das Einkommen ab, sondern auch die eigene Lebensqualität und die finanzielle Absicherung im Fall einer Krankheit oder eines Unfalls. Eine gesunde Arbeitskraft ist somit von unschätzbarem Wert.

Doch was passiert, wenn es zu einem Unfall kommt? Hier kommt die Definition des Unfalls ins Spiel: Ein Unfall liegt vor, wenn eine plötzliche, unvorhersehbare und von außen auf den Körper einwirkende Kraft einen Schaden verursacht. Dies kann beispielsweise bei einem Verkehrsunfall oder auch am Arbeitsplatz passieren. Die Folgen können schwerwiegend sein und reichen von leichten Verletzungen bis hin zu dauerhaften Beeinträchtigungen.

## Spät- und Dauerfolgen

Ein Unfall kann jederzeit und überall passieren. Die Folgen können schwerwiegend sein und das Leben des Betroffenen komplett verändern. Oftmals sind es nicht nur körperliche Schäden, sondern auch finanzielle Einbußen, die nach einem Unfall zu bewältigen sind.

Eine private Unfallversicherung kann in diesem Fall eine große Hilfe sein. Sie sichert den Versicherten gegen die finanziellen Folgen eines Unfalls ab und bietet somit ein Stück Sicherheit in einer unsicheren Welt. Denn wer aufgrund eines Unfalls arbeitsunfähig wird, hat oft mit hohen Kosten zu kämpfen - sei es durch Arztrechnungen, Verdienstentgang und/oder notwendige Umbaumaßnahmen im Haus, Heilbehelfe und andere Hilfsmittel.

Im Falle eines Unfalls wird schnell klar, wie wichtig es ist, eine gute Absicherung zu haben. Denn je nach schwere des Unfalls können hohe Kosten für Behandlungen und Rehabilitationen anfallen. Auch der Verdienstausfall während der Genesungszeit muss berücksichtigt werden.

## Unfälle vermeiden / Prävention

**In der Firma:** Dies kann beispielsweise durch die Anbringung von Warnschildern oder Schutzeinrichtungen geschehen. Auch Schulungen und Trainings können dazu beitragen, das Bewusstsein für mögliche Gefahrensituationen zu schärfen und das richtige Verhalten im Ernstfall zu trainieren.

**In der Freizeit:** Neben diesen allgemeinen Maßnahmen gibt es auch spezielle Vorkehrungen je nach Situation. So sollte man beispielsweise bei Outdoor-Aktivitäten wie Wandern oder Klettern immer auf geeignete Ausrüstung achten und sich über Wetterbedingungen informieren.

**Im Haushalt:** Auch im Haushalt lassen sich viele potenziell gefährliche Situationen durch einfache Maßnahmen wie rutschfeste Teppiche oder Kindersicherungen vermeiden.

**Beim Sport:** Ein weiterer Faktor, der oft unterschätzt wird, ist die körperliche Fitness. Wer fit und gesund ist, hat ein geringeres Risiko für Stürze oder Verletzungen beim Sport. Außerdem können gezielte Übungen zur Stärkung von Muskulatur und Gleichgewichtssinn helfen, das Verletzungsrisiko zu reduzieren.

**Einhaltung von Sicherheitsvorschriften:** Eine wichtige Maßnahme ist die Einhaltung von Sicherheitsvorschriften. Ob im Straßenverkehr oder bei der Arbeit: Wer sich an Regeln hält und aufmerksam bleibt, minimiert das Risiko für einen Unfall. Auch eine regelmäßige Wartung von Fahrzeugen und Geräten kann dazu beitragen, dass es nicht zu technischen Defekten kommt.

**Insgesamt gilt:** Je mehr präventive Maßnahmen ergriffen werden, desto geringer wird das Risiko von Unfällen. Eine private Unfallversicherung kann im Ernstfall zwar helfen, finanzielle Einbußen abzufedern, jedoch sollte man stets darauf bedacht sein, dass es besser ist, erst gar keinen Unfall zu erleiden.

Diese Tipps sind wichtig um sicher selbst ab zu sichern jedoch ist es im Straßenverkehr nicht immer so einfach dann hier kommen die meisten Unfälle dadurch zu Stande dass sich eine andere Person eben nicht an die Verkehrsregeln hält.

Es kommt häufig vor, dass viele Unfälle auf das Fehlverhalten anderer zurückzuführen sind. Insbesondere im Straßenverkehr oder bei Verladungen kann dies der Fall sein.

## Die Kosten eines Unfalles

Ein Freizeitunfall kann schnell hohe Kosten verursachen, die nicht von der gesetzlichen Unfallversicherung abgedeckt werden. Eine private Unfallversicherung ist daher eine sinnvolle Ergänzung zur gesetzlichen Absicherung.

Die entstehenden Kosten können sehr unterschiedlich ausfallen und hängen von der Schwere des Unfalls ab. So können beispielsweise Krankenhauskosten, Arzthonorare, Rehabilitationsmaßnahmen oder auch Umbaumaßnahmen am eigenen Haus oder Auto anfallen.

Auch wenn man durch den Unfall vorübergehend oder dauerhaft arbeitsunfähig wird, fallen Einkommensverluste an. Die private Unfallversicherung kann hier finanzielle Unterstützung bieten und das Einkommen teilweise ersetzen.

Weitere Kosten können durch Hilfsmittel wie Rollstühle oder Prothesen entstehen, die oft nicht vollständig von der Krankenkasse übernommen werden. Auch hier kann die private Unfallversicherung einspringen und einen Teil der Kosten decken.

Zusammenfassend lässt sich sagen, dass ein Freizeitunfall schnell hohe Kosten verursachen kann, die nicht von der gesetzlichen Unfallversicherung abgedeckt sind. Eine private Unfallversicherung bietet hier zusätzliche finanzielle Sicherheit und sollte daher in Erwägung gezogen werden.

## Beispiel aus dem Straßenverkehr

Wenn beispielsweise ein Verlader aus Zeitgründen unvorsichtig handelt und ohne Rücksicht auf mögliche Konsequenzen schnell arbeitet, besteht die Gefahr, dass unbeteiligte Dritte verletzt werden.

In einer solchen Situation greift sowohl die Haftpflichtversicherung des Schuldigen wegen seines Verschuldens als auch die private Unfallversicherung für den Geschädigten. Darüber hinaus haftet die Haftpflichtversicherung des schuldhaften Verladers gegenüber dem Verletzten für sämtliche Kosten einschließlich Verdienstausfall sowie alle von den Sozialversicherungsträgern geleisteten Aufwendungen.

Im Falle einer Schuld durch eine andere Person handelt es sich nicht nur um die finanziellen Belastungen aufgrund von entgangenem Verdienst, medizinischen Hilfsmitteln, Krankenhausaufenthalten, Arztrechnungen und Rehabilitationsmaßnahmen sowie Krankengeld. Es fallen auch Kosten für eine Arbeitskraft an, die unsere Arbeit weiterhin erledigt - insbesondere dann, wenn wir selbstständig tätig sind.

Im Falle eines Rechtsstreits können zusätzliche Kosten entstehen, wie zum Beispiel Anwaltsgebühren, Gerichtskosten und die Honorare von Sachverständigen und Gutachtern. Diese Ausgaben haben das Potenzial, den Gesamtbetrag erheblich zu erhöhen.

**Beispiel eines Unfalles:** Eine Unachtsamkeit des Verladers hat zu einem erheblichen Schaden aufgrund der Verletzungen eines unbeteiligten Dritten von mehreren hunderttausend Euro geführt.
Zu den Kosten gehören Anwalts- und Gerichtskosten in Höhe von 60.000 Euro sowie Ausgaben für Gutachter und Sachverständige.

Die Sozialversicherungsträger haben weitere 150.000 Euro für Operationen, Heilbehandlungen usw., aufgewendet.

Darüber hinaus entstand ein Verdienstausfall von 150.000 Euro sowie Schmerzensgeld und Invaliditätsrente.

Es ist wichtig anzumerken, dass weitere langfristige Folgen nicht ausgeschlossen sind und den Gesamtschaden noch weiter erhöhen könnten."

Es wird deutlich, dass es von großer Bedeutung ist, mit seinem Versicherungsberater zu sprechen und sich intensiv mit diesem Thema auseinanderzusetzen, um mögliche Deckungslücken zu vermeiden.

# Grundlagen der privaten Unfallversicherung

Die private Unfallversicherung ist eine Versicherung, die sich auf den Schutz (der versicherten Person) vor den finanziellen Folgen eines Unfalls konzentriert. Im Gegensatz zur gesetzlichen Unfallversicherung, die nur bei Arbeitsunfällen und Berufskrankheiten greift, bietet die private Unfallversicherung einen umfassenden Schutz rund um die Uhr.

Im Falle eines Unfalls kann es zu schwerwiegenden Verletzungen kommen, die zu dauerhaften Beeinträchtigungen führen können. Eine private Unfallversicherung sorgt dafür, dass man im Falle einer Invalidität finanziell abgesichert ist und somit auch langfristig gut versorgt bleibt. Zudem werden durch die Versicherung auch Kosten für notwendige Behandlungen und Rehabilitationen übernommen.

Eine weitere wichtige Grundlage der privaten Unfallversicherung ist, dass sie unabhängig von anderen Versicherungen abgeschlossen werden kann. Das bedeutet, dass man nicht auf eine gesetzliche oder andere Versicherungen angewiesen ist, um im Falle eines Unfalls abgesichert zu sein.

Um jedoch optimal geschützt zu sein sollte man darauf achten, dass der Vertrag individuell auf seine Bedürfnisse zugeschnitten ist. Denn je nach persönlicher Situation und Risikobereitschaft können unterschiedliche Leistungspakete vereinbart werden. So lassen sich beispielsweise bestimmte Sportarten oder Risikosituationen wie das Motorradfahren separat absichern.

Abschließend lässt sich sagen, dass eine private Unfallversicherung eine wichtige Absicherung im Falle eines Unfalls darstellt. Sie bietet einen umfassenden Schutz und ist unabhängig von anderen Versicherungen abschließbar. Durch individuelle Anpassungen kann sie optimal auf die Bedürfnisse des Versicherten zugeschnitten werden, um so ein Höchstmaß an Sicherheit zu gewährleisten.

Die Festlegung der Versicherungssumme, die Wahl der monatlichen Rente, die Höhe des Todesfallschutzes sowie die Berücksichtigung steigender Medikamentenkosten sind bedeutende Aspekte bei der Auswahl eines geeigneten Versicherungsschutzes. Diese Entscheidungen sollten individuell getroffen werden und basieren auf dem persönlichen Einkommen sowie dem damit verbundenen Risiko. Es ist von großer Bedeutung, dass diese Faktoren sorgfältig beachtet werden.

Ein weiterer Unterschied zur gesetzlichen Unfallversicherung besteht darin, dass bei einer privaten Versicherung individuelle Leistungen vereinbart werden können. So kann beispielsweise ein höheres Invaliditätskapital oder eine Todesfallsumme festgelegt werden. Auch Kosten für Heilbehandlungen, Bergungs- oder Rettungsmaßnahmen können in den Vertrag aufgenommen werden.

Ein Wanderer, der in eine Notlage gerät und einen Unfall hat, bildet ein anschauliches Beispiel. In solch einem Fall muss oft ein Hubschrauber angefordert werden, um die Person aufgrund von Erschöpfung abzuholen. Die Kosten für diesen Einsatz können schnell mehrere tausend Euro betragen. Daher ist es äußerst wichtig, dass man ausreichend versichert ist, um finanziell abgesichert zu sein.

Eine Private Unfallversicherung ist insbesondere für Menschen empfehlenswert, die durch ihren Beruf oder ihre Freizeitaktivitäten einem erhöhten Risiko ausgesetzt sind. Hierzu zählen beispielsweise Handwerker, Sportler oder auch Motorradfahrer. Aber auch Familien mit Kindern sollten über eine private Unfallversicherung nachdenken, da Kinder oft unbedarfter im Umgang mit Gefahren sind und schneller einen Unfall erleiden können.

Insgesamt bietet die Private Unfallversicherung also neben dem gesetzlichen Schutz eine zusätzliche Absicherung gegen die finanziellen Folgen von Unfällen. Durch individuell vereinbarte Leistungen kann sie optimal auf den Bedarf des Versicherten abgestimmt werden und stellt somit eine sinnvolle Ergänzung zur gesetzlichen Versorgung dar.

## Versicherungsbedarf

Eine Private Unfallversicherung ist eine wichtige Absicherung für jeden, der im Falle eines Unfalls finanziell abgesichert sein möchte. Denn ein Unfall kann schnell passieren und oft hat man nicht mit den Folgen gerechnet. Eine solche Versicherung übernimmt die Kosten für Behandlungen, Rehabilitationsmaßnahmen oder auch den Verdienstausfall, falls man aufgrund des Unfalls längere Zeit arbeitsunfähig ist.

# Leistungen und Ausschlüsse

Eine Private Unfallversicherung kann eine sinnvolle Ergänzung zur gesetzlichen Unfallversicherung sein. Denn während die gesetzliche Versicherung nur bei Arbeits- und Wegeunfällen leistet, greift die private Unfallversicherung auch bei Freizeitunfällen. Doch welche Leistungen sind in einer privaten Unfallversicherung enthalten?

In der Regel umfasst eine solche Versicherung die Zahlung einer Invaliditätsentschädigung, wenn durch den Unfall dauerhafte Beeinträchtigungen zurückbleiben. Auch Todesfallleistungen sind meist Bestandteil des Vertrags. Darüber hinaus können weitere Leistungen vereinbart werden, wie beispielsweise Krankenhaustagegeld oder ein Tagegeld für den Fall, dass man vorübergehend arbeitsunfähig ist.

Allerdings gibt es auch Ausschlüsse in der privaten Unfallversicherung. So sind beispielsweise Schäden durch Alkohol- oder Drogenkonsum ausgeschlossen.

Auch Selbstverletzungen (Vorsatz) oder das Begehen von Straftaten führen oft zu einem Leistungsausschluss. Wichtig ist außerdem zu beachten, dass nicht jeder Unfall automatisch von der Versicherung abgedeckt wird - es müssen bestimmte Voraussetzungen erfüllt sein.

Wer sich für eine private Unfallversicherung interessiert, sollte daher genau prüfen, welche Leistungen im Vertrag enthalten sind und welche Ausschlüsse gelten. Eine individuelle Beratung durch einen Versicherungsberater ist hierbei unerlässlich.

## Zusätzliche Leistung

Eine private Unfallversicherung kann im Falle eines Unfalls eine wichtige finanzielle Absicherung bieten. Doch viele Menschen sind sich nicht bewusst, dass es ab einer bestimmten Dauerinvalidität sinnvoll sein kann, eine zusätzliche Leistung zu vereinbaren.

Es ist wichtig bei Vertragsabschluss darauf achten, dass auch bei einer Dauerinvalidität von mehr als 50 Prozent noch eine zusätzliche Leistung vereinbart werden kann. Denn gerade bei schweren Verletzungen können die Kosten für Umbauten am Haus oder spezielle Therapien schnell ins Unermessliche steigen.

Zudem sollte man bedenken, dass eine Dauerinvalidität von über 50 Prozent meist mit einem dauerhaften Einkommensverlust einhergeht. Eine zusätzliche Leistung in der privaten Unfallversicherung kann hierbei helfen, diesen Verlust auszugleichen und somit die finanziellen Auswirkungen des Unfalls abzumildern.

## Unfallrente

Eine Unfallrente bietet im Gegensatz zu einer einmaligen Kapitalauszahlung eine regelmäßige Zahlung bei dauerhafter Beeinträchtigung durch den Unfall. Wenn man zum Beispiel aufgrund von bleibenden Schäden nicht mehr arbeiten kann, wird die Rente monatlich gezahlt und sorgt so für eine finanzielle Absicherung.

# Unfall und Rückholkosten

Immer mehr Menschen verbringen ihre Freizeit in den Bergen oder anderen schwer zugänglichen Gebieten. Hier kann es schnell zu einem Unfall kommen, bei dem eine aufwendige Bergung notwendig wird. Ohne Versicherungsschutz können diese Kosten schnell sehr hoch werden und im schlimmsten Fall sogar das gesamte Vermögen des Betroffenen verschlingen.

Doch auch im Ausland kann es zu einem Unfall kommen, bei dem eine medizinische Evakuierung notwendig wird. In solchen Fällen müssen oft spezielle Transportmittel eingesetzt werden, die ebenfalls mit hohen Kosten verbunden sind. Auch hier ist eine private Unfallversicherung mit einer entsprechenden Absicherung für Rückholkosten unerlässlich.

Es lohnt sich also, bei der Wahl einer privaten Unfallversicherung darauf zu achten, dass auch Bergungs- und Rückholkosten abgedeckt sind. Denn gerade in Extremsituationen zeigt sich, wie wichtig ein umfassender Versicherungsschutz sein kann. Risiken im Alltag und ihre Absicherung

Unfälle können jederzeit und überall passieren. Ob beim Sport, im Haushalt oder auf dem Weg zur Arbeit - die Risiken sind vielfältig. Eine private Unfallversicherung bietet hier eine wichtige Absicherung für den Fall der Fälle.

Denn die gesetzliche Unfallversicherung greift nur bei Arbeitsunfällen oder Unfällen während des Schulwegs bzw. bei schulischen Veranstaltungen. In allen anderen Fällen bleibt man ohne Versicherungsschutz auf den Kosten sitzen. Insbesondere wenn es zu dauerhaften Invaliditäten kommt, können diese Kosten schnell in die Höhe schießen und existenzbedrohend werden.

Eine private Unfallversicherung kann hier helfen: Sie bietet einen umfassenden Schutz bei Unfällen im privaten Bereich sowie auch bei Berufs- und Freizeitunfällen. Im Falle einer Invalidität wird eine einmalige Kapitalzahlung geleistet, die je nach Grad der Beeinträchtigung unterschiedlich hoch ausfallen kann.

Besonders wichtig ist dabei, dass man sich bewusst macht, welche Risiken im eigenen Alltag bestehen. Wer beispielsweise viel Sport treibt oder regelmäßig mit dem Fahrrad unterwegs ist, sollte unbedingt darauf achten, dass solche Aktivitäten von der Versicherung abgedeckt werden. Auch berufliche Tätigkeiten mit erhöhtem Verletzungsrisiko sollten entsprechend berücksichtigt werden.

Insgesamt gilt: Eine private Unfallversicherung kann ein wichtiger Baustein in der eigenen Absicherungsstrategie sein und vor den finanziellen Folgen eines schwerwiegenden Unfalls schützen. Es lohnt sich daher, die eigenen Risiken im Alltag zu überdenken und eine passende Versicherung abzuschließen.

# typische Unfallquellen

Eine Private Unfallversicherung kann sinnvoll sein, um im Falle eines Unfalls finanziell abgesichert zu sein. Gerade im Haushalt lauern viele Gefahrenquellen: Eine rutschige Treppe, eine nasse Badewanne oder ein heruntergefallenes Messer können schnell zu einem Sturz oder Schnitt führen.

Auch beim Putzen sollten Vorsichtsmaßnahmen getroffen werden, denn der Einsatz von Reinigungsmitteln kann Atemwegsprobleme oder Hautreizungen verursachen.

In der Freizeit und beim Sport gibt es ebenfalls typische Unfallquellen. Beim Radfahren ist beispielsweise das Tragen eines Helm unbedingt zu empfehlen, da ein Sturz ohne Helm schwere Kopfverletzungen nach sich ziehen kann.

Auch bei Ballsportarten wie Fußball oder Volleyball besteht die Gefahr von Verletzungen durch Zusammenstöße mit anderen Spielern oder dem Ball. Bei Outdoor-Aktivitäten wie Wandern oder Klettern sollte auf eine gute Ausrüstung geachtet werden, um Stürze und Verletzungen zu vermeiden.

Besonders in der kalten Jahreszeit steigt das Risiko für Unfälle im Haushalt und bei sportlichen Aktivitäten. Glätte und Schnee erhöhen die Sturzgefahr auf Gehwegen und Straßen, während beim Skifahren oder Schlittschuhlaufen das richtige Equipment sowie eine angepasste Fahrweise wichtig sind, um Verletzungen vorzubeugen.

Um im Falle eines Unfalls gut abgesichert zu sein, lohnt sich der Abschluss einer Private Unfallversicherung. So können nicht nur die Kosten für Behandlungen und mögliche Reha-Maßnahmen gedeckt werden, sondern auch finanzielle Einbußen durch Arbeitsunfähigkeit oder Berufsunfähigkeit ausgeglichen werden.

Insbesondere beim Skifahren ist der Hubschrauber oft das Thema, da er Personen bergen muss. In solchen Situationen möchten wir keine unangenehmen Überraschungen erleben oder mit einer Rechnung von 10.000 € konfrontiert werden. Solche Kosten sind in einer privaten Unfallversicherung enthalten. Natürlich wird der Hubschrauber dann gerufen, aber es gibt Definitionen, bei denen man nicht versichert ist und die Kosten privat tragen muss - besonders wenn man einen Unfall am Berg hat.

Eine Private Unfallversicherung ist eine Versicherung, die im Falle eines Unfalls finanzielle Unterstützung bietet. Im Gegensatz zur gesetzlichen Unfallversicherung sind hier nicht nur Arbeitsunfälle versichert, sondern auch Freizeitunfälle und alle anderen Arten von Unfällen. Die Versicherungsleistungen können dabei je nach Vertrag individuell gestaltet werden und reichen von der Übernahme von Behandlungskosten bis hin zu einer Invaliditätsrente.

Ein Beispiel für den Nutzen einer privaten Unfallversicherung ist ein Sportunfall. Wenn man beispielsweise beim Skifahren stürzt und sich schwer verletzt, kann die private Unfallversicherung die Kosten für Rettung, Krankenhausbehandlung und Rehabilitation übernehmen. Auch wenn man aufgrund der Verletzungen vorübergehend oder sogar dauerhaft arbeitsunfähig wird, kann eine Invaliditätsrente ausgezahlt werden, um den Lebensunterhalt abzusichern.

Ein weiteres Beispiel betrifft einen Autounfall. Wenn man als Autofahrer oder Beifahrer in einen Unfall verwickelt wird und schwere Verletzungen erleidet, kann die private Unfallversicherung ebenfalls einspringen und finanzielle Hilfe leisten. Neben medizinischen Kosten können eventuelle Verdienstausfälle durch eine Invaliditätsrente abgefangen werden.

Insgesamt ist eine private Unfallversicherung also eine sinnvolle Ergänzung zur gesetzlichen Absicherung gegen Arbeitsunfälle. Durch individuelle Leistungspakete lässt sich das Versicherungsangebot an die persönlichen Bedürfnisse anpassen und schafft somit ein zusätzliches Sicherheitsnetz im Falle eines Unfalls.

# Die Vertragsdetails

In diesem Abschnitt werden wir gemeinsam die Einzelheiten des Vertrags genauer betrachten. Dazu gehören Aspekte wie die Dauer, Zahlung der Prämien und Möglichkeiten zur Kündigung.

Die Vertragsgestaltung einer privaten Unfallversicherung ist ein wichtiger Aspekt für jeden Versicherungsnehmer. Die **Laufzeit** des Vertrags bestimmt, wie lange der Versicherungsschutz besteht und kann je nach Bedarf individuell gewählt werden. In der Regel beträgt die Laufzeit zwischen drei und zehn Jahren.

Es ist äußerst wichtig, stets darauf zu achten, dass ein kontinuierlicher Versicherungsschutz gewährleistet ist. Es sollte vermieden werden, Lücken entstehen zu lassen. Dies gilt insbesondere dann, wenn man über einen längeren Zeitraum versichert ist und auf den Schutz einer Versicherung verzichtet. Denn im Falle eines schweren Unfalls wäre es von großer Bedeutung sicherzustellen, dass man immer eine ausreichende und vollständige Absicherung hat.

Die **Prämienzahlung** erfolgt in der Regel monatlich oder jährlich und richtet sich nach dem Umfang des Versicherungsschutzes sowie dem Alter und Geschlecht des Versicherten. Je höher das Risiko eines Unfalls ist, desto höher fällt auch die Prämie aus. Hierbei erfolgt eine Risikoberechnung aufgrund des Berufes welcher ausgeführt wird wo im Büro das Verletzungsrisiko geringer ist als bei einem Handwerker und natürlich hat auch etwaige gefährlichere Hobbys Auswirkungen auf die Prämien denken wir hierbei zum Beispiel an das klettern, wo es zu Zuschlägen bei der Prämie kommen kann.

Es lohnt sich jedoch, verschiedene Angebote miteinander zu vergleichen und auf mögliche Rabatte durch **Selbstbeteiligung** oder **Gruppenverträge** zu achten.

Für den Fall, dass der Versicherungsnehmer den Vertrag kündigen möchte, sollte er sich im Vorfeld über die Kündigungsmöglichkeiten informieren.

Durch eine sorgfältige Vertragsgestaltung können Kosten gespart werden und ein optimaler Schutz erreicht werden. Es empfiehlt sich daher, sich im Vorfeld genau über die verschiedenen Angebote zu informieren und gegebenenfalls professionelle Beratung in Anspruch zu nehmen.

# Vertragsabschluss und -gestaltung

Die private Unfallversicherung ist eine wichtige Absicherung für jeden, der im Falle eines Unfalls finanziell abgesichert sein möchte. Bevor man sich jedoch für einen Vertrag entscheidet, sollte man sich ausgiebig über die verschiedenen Optionen informieren und die Vertragsbedingungen genau prüfen.

Bei der Vertragsgestaltung gibt es einige wichtige Punkte zu beachten. Zunächst einmal sollte man sich darüber im Klaren sein, welche Leistungen man von der Versicherung erwartet. Hierbei gilt es, sowohl den Umfang der Versicherungsleistung als auch die Höhe der Versicherungssumme festzulegen.

Des Weiteren ist es wichtig, auf eventuelle Ausschlüsse oder Einschränkungen in den Vertragsbedingungen zu achten. Hierbei kann es beispielsweise um bestimmte Sportarten gehen, bei denen das Unfallrisiko besonders hoch ist. Auch Vorerkrankungen können unter Umständen dazu führen, dass bestimmte Leistungen nicht abgedeckt sind.

Ein weiterer wichtiger Punkt bei der Gestaltung des Vertrags ist die Wahl der richtigen Laufzeit. Hierbei sollte man sich darüber im Klaren sein, wie lange man den Schutz benötigt und ob gegebenenfalls eine automatische Verlängerung des Vertrags gewünscht wird.

Insgesamt gilt es also, bei der Gestaltung des Vertrags sorgfältig vorzugehen und alle relevanten Aspekte zu berücksichtigen. Nur so kann man sicherstellen, dass man im Falle eines Unfalls optimal abgesichert ist und keine unliebsamen Überraschungen erlebt.

Eine Private Unfallversicherung ist eine wichtige Absicherung, die jeder in Betracht ziehen sollte. Denn ein Unfall kann schnell passieren und oft hat man danach mit den Folgen zu kämpfen. Eine private Unfallversicherung sorgt dafür, dass man im Falle eines Unfalls finanziell abgesichert ist und somit nicht auch noch zusätzlich unter finanziellen Problemen leiden muss.

Im Gegensatz zur gesetzlichen Unfallversicherung, die nur bei Arbeits- oder Wegeunfällen greift, bietet die private Unfallversicherung Schutz rund um die Uhr und weltweit. Ob beim Sport, im Urlaub oder sogar zu Hause – mit einer privaten Unfallversicherung ist man immer auf der sicheren Seite.

Die Leistungen einer privaten Unfallversicherung können individuell gestaltet werden. So kann zum Beispiel eine Invaliditätsleistung vereinbart werden, die im Falle einer dauerhaften Beeinträchtigung durch den Unfall gezahlt wird. Auch Krankenhaustagegeld oder eine Todesfallsumme können vereinbart werden. Wer also Wert auf eine umfassende Absicherung legt, sollte über den Abschluss einer privaten Unfallversicherung nachdenken. Denn im Ernstfall kann diese Versicherung einen großen Unterschied machen und für finanzielle Entlastung sorgen.

## Die Prämie

Bei der Versicherung wird das Risiko auch je nach Berufsgruppe unterschieden. Eine Person, die im Büro arbeitet, wird einen niedrigeren Tarif haben als ein Handwerker. Ein Fallschirmspringer oder Kletterer hingegen muss eine höhere Prämie zahlen als jemand, der gerne wandert.

# Die Gliedertaxe

Die private Unfallversicherung ist eine wichtige Absicherung für jeden, der sich vor den finanziellen Folgen eines Unfalls schützen möchte. Doch bei der Wahl einer solchen Versicherung gibt es viele Faktoren zu beachten, darunter auch die Gliedertaxe.

Die Gliedertaxe ist ein wichtiges Element in der privaten Unfallversicherung und legt fest, welche Entschädigungszahlungen im Falle einer dauerhaften Beeinträchtigung oder des Verlusts von Körperteilen geleistet werden.

Dabei wird jeder Körperteil einem bestimmten Grad der Beeinträchtigung zugeordnet. So wird beispielsweise bei dem Verlust eines Auges oder Ohres eine höhere Entschädigung gezahlt als bei dem Verlust eines Fingers oder Zehs.

Es ist daher wichtig, bei der Auswahl einer privaten Unfallversicherung auf die genaue Formulierung der Gliedertaxe zu achten. Denn je nach Versicherungsbedingungen können hier große Unterschiede bestehen.

Ein weiterer Aspekt, der bei der Wahl einer privaten Unfallversicherung berücksichtigt werden sollte, sind die Leistungsausschlüsse. Hierbei handelt es sich um Situationen, in denen die Versicherung keine Leistungen erbringt.

Beispielsweise kann eine Versicherung den Ausschluss von Leistungen bei Unfällen während sportlicher Aktivitäten vorsehen. Wer jedoch regelmäßig Sport betreibt, sollte darauf achten, dass diese Ausschlüsse nicht greifen und gegebenenfalls eine entsprechende Zusatzversicherung abschließen.

Auch das Alter spielt eine Rolle bei der Auswahl einer privaten Unfallversicherung. Denn je älter man ist, desto höher sind in der Regel die Beiträge und desto schwieriger kann es sein, eine Versicherung mit umfangreichen Leistungen abzuschließen.

Es empfiehlt sich daher, frühzeitig eine private Unfallversicherung abzuschließen und dabei auf eine möglichst umfassende Absicherung zu achten. Denn im Falle eines Unfalls können die finanziellen Folgen schnell existenzbedrohend werden.

Insgesamt ist die private Unfallversicherung ein wichtiger Baustein in der persönlichen Absicherung. Wer hier sorgfältig wählt und auf die genaue Formulierung von Gliedertaxe und Leistungsausschlüssen achtet, kann sich bestmöglich vor den finanziellen Folgen eines Unfalls schützen.

# Gesundheitsfragen

Beim Abschluss einer privaten Unfallversicherung spielen Gesundheitsfragen eine Nebenrolle. Es ist jedoch wichtig zu beachten, ob bereits bestehende Versicherungen oder vorliegende Einschränkungen relevant sind und Faktoren berücksichtigt werden müssen, die das versicherte Risiko erhöhen bzw. die zu einem erhöhten Unfallrisiko führen könnten.

Daher werden in der Regel einfache Gesundheitsfragen gestellt, um mögliche Vorbelastungen des Antragstellers abzuklären. Dabei geht es beispielsweise um Fragen nach chronischen Krankheiten wie Diabetes oder Herz-Kreislauf-Erkrankungen sowie um Fragen nach regelmäßigen Medikamenteneinnahmen oder ärztlichen Behandlungen.

Es ist wichtig, diese Fragen wahrheitsgemäß zu beantworten, denn falsche Angaben können im Schadensfall dazu führen, dass die Versicherung ihre Leistungen verweigert.
Wer bereits einen Unfall hatte oder aktuell unter Beschwerden leidet, sollte dies ebenfalls angeben. Auch hier kann es sein, dass die Versicherung den Antrag annimmt, jedoch eventuelle Folgekosten ausschließt.

Insgesamt gilt: Je ehrlicher und transparenter man seine Gesundheitsangaben macht, desto besser kann die Versicherung das individuelle Risiko einschätzen und entsprechende Konditionen anbieten. Eine private Unfallversicherung kann im Ernstfall eine wichtige Absicherung sein, daher sollte man bei der Beantwortung von Gesundheitsfragen sorgfältig vorgehen.

# Die Schadenmeldung

Eine private Unfallversicherung kann im Falle eines Unfalls eine finanzielle Absicherung bieten. Doch wie geht man vor, wenn man Ansprüche gegenüber dem Versicherer geltend machen möchte? Zunächst sollte man den Versicherungsvertrag gründlich durchlesen und sich über die genauen Leistungen informieren. Dabei ist es wichtig zu wissen, welche Voraussetzungen erfüllt sein müssen, damit ein Anspruch auf Zahlung besteht.

Im Anschluss daran sollten alle notwendigen Unterlagen gesammelt werden. Dazu gehören in der Regel ärztliche Bescheinigungen und Atteste sowie eventuelle Zeugenaussagen oder Polizeiberichte. Wichtig ist auch, dass man innerhalb einer bestimmten Frist den Versicherer über den Unfall informiert. Diese Fristen können je nach Vertrag variieren und sollten daher genau beachtet werden.

Vor einer Schadenmeldung sollte mann jedoch mit seinem Versicherungsberater Kontakt aufnehmen, sich nochmals den Vertrag gemeinsam nochmals besprechen und danach die entsprechende Schadenmeldung an die Versicherung machen.

# Abwicklung im Schadensfall

Die Schadensfallabwicklung in der privaten Unfallversicherung ist ein komplexer und wichtiger Prozess, der im Falle eines Unfalls für den Versicherten von entscheidender Bedeutung ist. Im Idealfall sollte die Abwicklung schnell und reibungslos erfolgen, damit der Betroffene schnellstmöglich wieder auf die Beine kommt.

In der Regel muss der Versicherte im Falle eines Unfalls zunächst einen Schadenbericht bei seiner Versicherung einreichen. Dabei sollten alle relevanten Informationen wie Ort, Zeitpunkt und Ursache des Unfalls sowie mögliche Zeugenangaben erfasst werden (z.B.: Polizeiprotokoll). Auch eine genaue Beschreibung der Verletzungen ist wichtig, um eine schnelle und korrekte Abwicklung zu gewährleisten.

Im Anschluss daran wird die Versicherung den Schaden prüfen und gegebenenfalls weitere Unterlagen anfordern. Hierbei kann es sich beispielsweise um ärztliche Atteste oder Polizeiberichte handeln. Wichtig ist hierbei, dass der Versicherte alle geforderten Dokumente zeitnah bereitstellt, um Verzögerungen in der Abwicklung zu vermeiden.

Sobald die Prüfung abgeschlossen ist, wird die Versicherung dem Versicherten mitteilen, ob und in welcher Höhe sie den Schaden regulieren wird.

Bei einer Ablehnung des Anspruchs hat der Versicherte jedoch auch das Recht, gegen diese Entscheidung sogar gerichtlich vorzugehen. Nur weil eine Schadenreferent einer Versicherung zu einer gewissen Ansicht kommt, bedeutet dies noch nicht, dass dies auch Rechtlich so ist. In diesem Fall sollte immer eine zweite Meinung eingeholt werden und gegebenenfalls eine Deckungsklage gegen die Versicherung eingereicht werden.

Insgesamt ist die Schadensfallabwicklung in der privaten Unfallversicherung ein komplexer Prozess, der sowohl für den Versicherten als auch für die Versicherung eine Herausforderung darstellt. Eine schnelle und korrekte Abwicklung ist jedoch unerlässlich, um dem Betroffenen bei einem Unfall schnellstmöglich zu helfen und ihm finanzielle Unterstützung zukommen zu lassen.

## Meldepflichten bei einem Unfall

Eine Private Unfallversicherung ist eine wichtige Absicherung im Falle eines Unfalls. Doch auch hier gibt es einige Meldepflichten, die unbedingt eingehalten werden müssen. Denn nur so können Ansprüche gegenüber der Versicherung geltend gemacht werden und eventuelle Zahlungen erfolgen.

Zunächst einmal muss ein Unfall umgehend bei der Versicherung gemeldet werden. Hierbei sollte man alle relevanten Informationen angeben, wie Ort, Zeitpunkt und Umstände des Unfalls sowie Verletzungen oder Schäden. Auch Zeugen sollten benannt werden, falls welche vorhanden sind.

Weiterhin ist es wichtig, ärztliche Atteste vorzulegen, die die Verletzungen dokumentieren. Diese sollten innerhalb einer bestimmten Frist bei der Versicherung eingereicht werden, um den Versicherungsanspruch zu sichern.

Bei Arbeitsunfällen muss zudem der Arbeitgeber informiert und eine Meldung bei der zuständigen Berufsgenossenschaft gemacht werden. Auch hier gilt es, Fristen einzuhalten und sämtliche Unterlagen vorzulegen.

Schließlich sollten auch Rehabilitationsmaßnahmen oder Krankenhausaufenthalte umgehend bei der Versicherung angezeigt werden. So kann gegebenenfalls eine Kostenübernahme durch die Versicherung erfolgen.

Insgesamt ist es also wichtig, nach einem Unfall schnell und umfassend zu handeln und sämtliche Meldepflichten einzuhalten. Nur so kann man sicherstellen, dass man im Ernstfall optimal abgesichert ist und alle Leistungen erhalten kann, auf die man Anspruch hat.

# Für Schüler und Studenten

Es ist wichtig betonen, dass die Leistungen der gesetzlichen Unfallversicherung auf dem Verdienst basieren und dies stellt bei Schülern und Studenten ein ernsthaftes Problem dar. Es ist also besonders wichtig für diese Zielgruppe, sich mit dem Thema privater Unfallversicherung auseinanderzusetzen, um mögliche Lücken zu vermeiden.

Dies liegt daran, dass diese noch keiner Erwerbstätigkeit nachgehen. Umso wichtiger ist es daher sich gegen die Folgen eines Unfalles abzusichern.

Bedingt durch ihr junges Alter - langfristige finanzielle Auswirkungen hat. Daher ist es von großer Bedeutung, eine angemessene Absicherung zu haben. Insbesondere in jungen Jahren sollte sogar die Versicherungssumme erhöht werden.

**Beispiel:** Zum Beispiel kostet ein Blindenhund oder Partnerhund, welcher einem im Haushalt unterstützt rund EUR 20.000 aufwärts. Wenn aufgrund der Lebensdauer alle 7 Jahre ein neuer angeschafft werden muss, benötigt ein junger Mensch eine dementsprechend höhere Invaliditätsleistung als ein älterer Mensch, weil dieser öfter einen Hund anschaffen muss.

# Lohnt sich eine private Unfallversicherung

Eine private Unfallversicherung kann im Falle eines Unfalls eine große finanzielle Entlastung bieten.

Zunächst einmal ist es wichtig, sich über die verschiedenen Arten von Unfallversicherungen zu informieren. Es gibt beispielsweise Basis- und Premium-Varianten sowie Tarife mit unterschiedlichen Leistungen. Eine genaue Analyse der eigenen Bedürfnisse hilft dabei, die richtige Versicherung auszuwählen.

Ein weiterer wichtiger Aspekt ist die Höhe der Versicherungssumme. Hier gilt es abzuwägen, welche Summe im Falle eines Unfalls benötigt wird, um eventuelle Kosten wie Behandlungen oder Rehabilitationen abzudecken. Zudem sollte darauf geachtet werden, dass die Versicherungssumme regelmäßig angepasst werden kann.

Auch die Frage nach dem Umfang der Absicherung ist entscheidend. Einige Versicherungen bieten beispielsweise auch Schutz bei Freizeitunfällen. Hier gilt es ebenfalls individuell zu entscheiden, welcher Schutz gewünscht wird.

Neben diesen Punkten spielt auch das Alter des Versicherten eine Rolle. Je älter man ist, desto höher können die Beiträge ausfallen. Es empfiehlt sich daher, möglichst frühzeitig eine private Unfallversicherung abzuschließen.

Abschließend sei noch erwähnt, dass ein Vergleich verschiedener Anbieter sinnvoll ist, um die passende Versicherung zu finden. Hierbei sollten nicht nur die Kosten, sondern auch der Umfang der Leistungen berücksichtigt werden.

Insgesamt gilt: Eine private Unfallversicherung kann im Falle eines Unfalls eine wichtige finanzielle Absicherung bieten. Mit einer genauen Analyse eigener Bedürfnisse und einem Vergleich verschiedener Anbieter kann man die passende Versicherung finden.

# Vor- und Nachteile

Die private Unfallversicherung ist eine Möglichkeit, sich gegen die finanziellen Folgen eines Unfalls abzusichern. Dabei gibt es sowohl Vor- als auch Nachteile, die es zu beachten gilt.

Ein Vorteil der privaten Unfallversicherung ist, dass sie eine **zusätzliche Absicherung** bietet. Im Gegensatz zur gesetzlichen Unfallversicherung greift sie nicht nur bei Arbeitsunfällen, sondern auch in der Freizeit oder im Urlaub. Das bedeutet, dass man rund um die Uhr geschützt ist und auch bei unvorhergesehenen Ereignissen wie einem Sportunfall abgesichert ist.

Ein weiterer Vorteil ist, dass man durch die private Unfallversicherung eine **höhere finanzielle Absicherung** hat. Die gesetzliche Unfallversicherung zahlt lediglich eine Grundrente sowie Verletztengeld und Heilbehandlungskosten. Bei schwerwiegenden Verletzungen kann dies jedoch nicht ausreichen, um den Lebensstandard aufrechtzuerhalten. Eine private Unfallversicherung kann hier für eine höhere Versorgungsleistung sorgen.

Allerdings gibt es auch einige Nachteile bei einer privaten Unfallversicherung zu beachten. Zum einen sind die Beiträge oft relativ hoch und können je nach Alter und Beruf unterschiedlich ausfallen. Auch müssen bestimmte Risiken wie beispielsweise Extremsportarten extra versichert werden, was zusätzliche Kosten verursacht.

Ein weiterer Nachteil ist, dass es bei der Beantragung der Leistungen (Schadensfall) oft zu Streitigkeiten mit dem Versicherer kommen kann. Insbesondere wenn es um die Höhe der Entschädigung geht, kann es zu Differenzen kommen. Zudem müssen oft bestimmte Fristen beachtet werden, um Ansprüche geltend zu machen. Hierbei wird zum Beispiel eine **Dauerinvalidität erst nach einem Jahr überprüft**.

Insgesamt bietet die private Unfallversicherung eine sinnvolle Ergänzung zur gesetzlichen Absicherung. Allerdings sollten bei der Auswahl des Anbieters und des Tarifs genau hinschauen und auf die genauen Bedingungen achten, um im Ernstfall auch wirklich abgesichert zu sein.

# Auswirkungen ohne Unfallversicherung

Die private Unfallversicherung ist eine Versicherung, die im Falle eines Unfalls finanzielle Unterstützung bietet. Im Gegensatz zur gesetzlichen Unfallversicherung, die nur für Arbeitsunfälle und Berufskrankheiten aufkommt, deckt die private Unfallversicherung alle Arten von Unfällen ab - ob zu Hause, in der Freizeit oder auf Reisen.

Die Auswirkungen einer privaten Unfallversicherung können enorm sein. Im Falle eines schweren Unfalls kann sie dazu beitragen, dass man sich auf seine Genesung konzentrieren kann, ohne sich Sorgen um finanzielle Belastungen machen zu müssen. Die Versicherung kann dabei helfen, medizinische Kosten wie Krankenhausaufenthalte, Rehabilitation und Physiotherapie zu decken.

Auch bei dauerhaften Beeinträchtigungen durch den Unfall kann eine private Unfallversicherung unterstützen. Sie kann beispielsweise bei der Finanzierung von Umbauten am Haus oder einem barrierefreien Auto helfen.

Neben der finanziellen Absicherung bietet eine private Unfallversicherung auch psychologischen Beistand. Durch einen 24-Stunden-Service können Betroffene jederzeit Hilfe und Unterstützung erhalten.

Es lohnt sich jedoch genau hinzuschauen: Nicht jede private Unfallversicherung ist gleich. Es gibt große Unterschiede in Leistungsumfang und Prämien. Eine individuelle Beratung durch einen Experten ist daher empfehlenswert.

Zusammenfassend lässt sich sagen: Eine private Unfallversicherung kann im Ernstfall das Leben erleichtern und Sicherheit geben. Sie bietet nicht nur finanzielle Unterstützung, sondern auch psychologischen Beistand. Eine sorgfältige Auswahl der Versicherung und eine individuelle Beratung sind jedoch wichtig, um den passenden Schutz zu finden.

# Häufig gestellte Fragen

Eine Private Unfallversicherung ist eine wichtige Absicherung für den Fall eines Unfalls. Hier findest du Antworten auf die wichtigsten Fragen rund um das Thema.

### Wer sollte eine Private Unfallversicherung abschließen?

Jeder, der berufstätig ist oder seine Freizeit aktiv gestaltet, sollte eine Private Unfallversicherung abschließen. Insbesondere Menschen mit gefährlichen Hobbys wie Motorsport oder Extremsportarten sollten über eine solche Absicherung nachdenken.

### Was deckt eine Private Unfallversicherung ab?

Eine Private Unfallversicherung deckt im Wesentlichen Invalidität und Todesfälle durch einen Unfall ab. Je nach Vertrag können aber auch Schmerzensgeldzahlungen sowie Behandlungskosten in Folge eines Unfalls abgedeckt sein.

### Welche Arten von Invalidität werden durch die Versicherung abgedeckt?

Die meisten Private Unfallversicherungen unterscheiden zwischen einer Teilinvalidität und einer Vollinvalidität. Bei einer Teilinvalidität wird je nach Grad der Beeinträchtigung ein bestimmter Prozentsatz der Versicherungsleistung ausgezahlt, während bei einer Vollinvalidität die vollen vereinbarten Leistungen fällig werden.

**Wie hoch sollte die Versicherungssumme sein?**

Die Höhe der Versicherungssumme hängt von individuellen Faktoren wie dem Einkommen und den persönlichen Bedürfnissen ab. Es ist empfehlenswert, eine Versicherungssumme zu wählen, die ausreichend hoch ist, um im Falle eines Unfalls eine finanzielle Absicherung zu gewährleisten. Faustregel ist, dass 5 fache Jahreseinkommen sollte als Versicherungssumme gewählt werden. Bei Schülern und Studenten jedoch noch deutlich mehr, da hier das Risiko auch deutlich höher ist aufgrund der jungen Alters.

**Was kostet eine Private Unfallversicherung?**

Die Kosten für eine Private Unfallversicherung hängen von verschiedenen Faktoren ab, wie zum Beispiel der gewählten Versicherungssumme und dem Alter des Versicherten. Im Durchschnitt kann man mit einem jährlichen Beitrag von etwa 100 bis 300 Euro rechnen.

Eine Private Unfallversicherung bietet eine wichtige Absicherung in Notfällen und trägt dazu bei, dass du im Falle eines Unfalls keine finanziellen Sorgen haben musst.

**Was ist eine private Unfallversicherung?**

Eine private Unfallversicherung ist eine Versicherung, die im Falle eines Unfalls finanzielle Unterstützung bietet. Sie zahlt in der Regel eine einmalige Summe oder Rente aus.

**Wer kann eine private Unfallversicherung abschließen?**

Jeder, der sich gegen die Folgen eines Unfalls absichern möchte, kann eine private Unfallversicherung abschließen.

**Was genau deckt eine private Unfallversicherung ab?**

Eine private Unfallversicherung deckt in der Regel alle Kosten ab, die durch einen Unfall entstehen können. Dazu gehören zum Beispiel Behandlungskosten, Schmerzensgeld, Verdienstausfälle und Invaliditätsleistungen.

**Wie hoch sollte die Versicherungssumme bei einer privaten Unfallversicherung sein?**

Die Höhe der Versicherungssumme hängt von verschiedenen Faktoren ab, wie zum Beispiel dem Beruf des Versicherten und seinen individuellen Bedürfnissen. Hier empfiehlt es sich, mit einem Fachmann zu sprechen und gemeinsam die passende Summe festzulegen.

**Muss ich mich bei einer privaten Unfallversicherung für bestimmte Risiken extra versichern?**

In der Regel sind alle Risiken durch eine private Unfallversicherung abgedeckt. Es gibt jedoch auch spezielle Policen für besonders risikoreiche Tätigkeiten oder Sportarten.

**Wie lange gilt eine private Unfallversicherung?**

Eine private Unfallversicherung gilt in der Regel für ein Jahr und kann danach verlängert werden. Es gibt jedoch auch Polizze, die für einen längeren Zeitraum abgeschlossen werden können.

**Wie hoch sind die Beiträge bei einer privaten Unfallversicherung?**

Die Höhe der Beiträge hängt von verschiedenen Faktoren ab, wie zum Beispiel dem Alter und Gesundheitszustand des Versicherten sowie der gewählten Versicherungssumme. Hier empfiehlt es sich, verschiedene Angebote zu vergleichen.

**Wann sollte ich eine private Unfallversicherung abschließen?**

Eine private Unfallversicherung sollte möglichst frühzeitig abgeschlossen werden, um im Falle eines Unfalls optimal geschützt zu sein.

# Schlusswort

Zusammenfassend lässt sich sagen, dass eine private Unfallversicherung ein wichtiger Baustein in der Absicherung des eigenen Lebens ist.

Ein Unfall kann schnell passieren und gravierende Folgen haben – sei es durch dauerhafte körperliche Einschränkungen oder finanzielle Belastungen. Mit einer privaten Unfallversicherung können Sie sich gegen diese Risiken absichern und im Falle eines Falles auf eine schnelle und zuverlässige Unterstützung vertrauen.

Dabei sollten Sie jedoch darauf achten, die Versicherungsbedingungen genau zu prüfen und sich von einem kompetenten Berater beraten lassen, um das passende Angebot für Ihre individuellen Bedürfnisse zu finden.

Investieren Sie in Ihre Zukunft und schützen Sie sich vor den unvorhersehbaren Risiken des Lebens – mit einer privaten Unfallversicherung sind Sie auf der sicheren Seite!

# Wichtige Begriffe

Eine private Unfallversicherung kann im Falle eines Unfalls eine große finanzielle Entlastung bedeuten. Doch bevor man sich für eine Versicherung entscheidet, sollte man sich mit den wichtigsten Begriffen vertraut machen.

Der **Invaliditätsgrad** ist ein zentraler Begriff in der privaten Unfallversicherung. Er beschreibt die Beeinträchtigung der körperlichen oder geistigen Leistungsfähigkeit nach einem Unfall und wird in Prozent angegeben. Je höher der Grad der Invalidität, desto höher die Auszahlung durch die Versicherung.

Die **Progression** ist ein weiterer wichtiger Begriff. Sie gibt an, um welchen Faktor die Versicherungsleistung bei höherem Invaliditätsgrad steigt. Eine hohe Progression bedeutet also auch eine höhere Auszahlung bei schwereren Verletzungen.

Die **Gliedertaxe** legt fest, welcher Prozentsatz des Invaliditätsgrades bei Verlust eines Körperteils oder einer Sinnesfunktion ausgezahlt wird. Hierbei gibt es große Unterschiede zwischen verschiedenen Versicherungen und Tarifen.

Auch die **Karenzzeit** spielt eine Rolle: Sie beschreibt den Zeitraum nach dem Unfall, in dem keine Leistungen von der Versicherung ausgezahlt werden. Je kürzer diese Zeit, desto schneller erhält man eine finanzielle Unterstützung.

Neben diesen Grundbegriffen gibt es noch viele weitere Fachbegriffe wie beispielsweise die Übernahme von Bergungs- oder Rettungskosten sowie die Möglichkeit einer Todesfallsumme oder einer vereinbarten Kapitalleistung.

Um im Ernstfall optimal abgesichert zu sein, sollte man sich vor Abschluss einer privaten Unfallversicherung ausführlich mit den verschiedenen Begriffen und Optionen auseinandersetzen und gegebenenfalls auch professionelle Beratung in Anspruch nehmen.

# Meine Internetpräsenz

Um stets auf dem neuesten Stand zu bleiben, lieber Leser, können Sie jederzeit die Websites stelzhammer.info oder https://www.instagram.com/ stefan.stelzhammer besuchen und meine aktuellen Buchveröffentlichungen verfolgen.

In meinen Publikationen möchte ich Ihnen helfen, Ihre Konflikte eigenständig zu lösen und Ihnen dabei das erforderliche Wissen vermitteln. Zusätzlich stehe ich gerne für persönliche Termine zur Verfügung, um den Konflikt gemeinsam mit Ihnen zu besprechen.

Sofern Sie zu dem hier vorliegenden Werk Fragen, Anregungen, Lob oder Kritik haben, freuen wir uns über eine Kontaktaufnahme unter www.stelzhammer.info oder per E-Mail an mediation@stelzhammer.info.

Mit freundlichen Grüßen,
Stefan Stelzhammer

## Weiterführende Informationen

Als weiterführende Lektüre empfehle ich folgende Werke von mir zu lesen:

**Versicherungen, Finanzen, Vorsorge –: das Geschäft mit der Sicherheit**
// ISBN-13 : 979-8704617853

Dieser Fachguide soll unsere Leserinnen und Leser durch die Welt der Versicherungen, Vorsorgemöglichkeiten und Finanzen - und das, ganz im Sinne der Sicherheit - führen. Dies bewerkstelligen wir, indem wir die einzelnen Möglichkeiten des Sparens, sowie des Vermögensaufbaus genau unter die Lupe nehmen und neue, vielleicht bisher nicht berücksichtigte, Chancen aufzeigen. Denn vergessen Sie eines nicht: Es geht um Ihr Geld!

**Existenzschutz -: Alles rund um Versicherungen**
// ISBN-13 : 979-8397079037

Welche Versicherung ist für mich ideal und welche ist es nicht? Habe ich alle für mich wichtigen Lebensbereiche abgesichert? Welche Versicherung hilft mir, wenn ich durch einen Dritten verletzt werde? Diese und viele weitere Fragen ergeben sich, wenn es darum geht, sein Leben sowie sein Hab und Gut abzusichern und eine geeignete Zukunftsvorsorge zu treffen. Dieser Ratgeber bietet einen guten Überblick über die wichtigsten Versicherungsarten und enthält hilfreiche Tipps im Umgang mit Versicherungsgesellschaften und deren Versicherungsberater.

Alle meine Bücher finden Sie auch auf
www.amazon.de
oder unter
https://stelzhammer.info/publikationen